AF314296

BIBLIOTHÈQUE MORALE

In-48 1re Série.

LES

HOMMES ILLUSTRES

PROPOSÉS POUR MODÈLES

A L'ENFANCE.

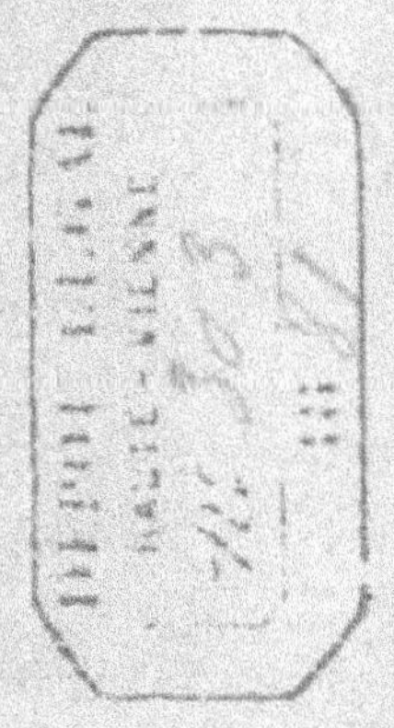

LIMOGES

ANCIENNE MAISON BARBOU FRÈRES

Ch. BARROU, ÉDITEUR,

Avenue du Crucifix.

PLUTARQUE

Cet illustre savant, qui floris,
sait sous l'empereur Trajan -
étudia avec tant d'activité dans
son enfance, qu'il passait, jeune
encore, pour célèbre philoso-

phe , historien et orateur. Il voyagea dans la Grèce et en Egypte, pour y consulter les savants. Dans ses diverses courses, il eut soin de marquer dans ses mémoires tout ce qu'il trouvait de curieux. Il se retira à Chéronnée, lieu de sa naissance, où il s'appliqua à la composition d'un grand nombre d'ouvrages remplis d'érudition, de réflexions sages et judicieuses, et de tout ce qu'il y a de plus curieux, de plus intéressant à savoir dans l'antiquité profane. Il nous a laissé une anecdote à son sujet, qui mérite d'être rapportée, et que des enfants sages ne doivent jamais oublier.

Etant encore jeune, il fut député, avec un autre citoyen, vers le proconsul, pour une affaire importante. Son collègue étant demeuré en chemin, il acheva seul le voyage, et remplit ce que portait leur commission. A son retour, comme il se disposait à rendre compte de leur conduite, son père, ainsi qu'il nous l'apprend, lui donna cette sage leçon : « Mon fils, dans le rapport que vous allez faire, gardez-vous de dire: « Je suis allé, j'ai parlé, j'ai

fait : » mais dites toujours :
« Nous sommes allés, nous
avons parlé, nous avons fait, »
en associant votre collègue à
toutes vos actions, afin que la
moitié du succès soit attribuée
à celui que la patrie a honoré
de la moitié de la commission,
etque, par cemoyen, vous écar-
tiez de vous l'envie, qui suit
presque toujours la gloire d'a-
voir réussi. »

Ses pensées sur l'âme sont
sublimes ; il reconnaît que son
immortalité est fondée sur des
raisons qui se tirent de la divinité même, parce qu'elle est une

suite de la bonté et de la justice de Dieu. Il recherche pourquoi Dieu punit tard les méchants, et il s'explique ainsi : « Une seule et même raison établit et prouve solidement ces deux vérités : qu'il y a une Providence qui régit le monde, et que les âmes subsistent après la mort. Si l'on ruine un de ces principes, on ruine nécessairement l'autre. L'âme subsistant donc après la mort, il est probable qu'elle reçoit alors les peines ou les récompenses qu'elle a méritées : car, pendant qu'elle est en nous, elle com-

bat comme un véritable athlète;
et après qu'elle a cessé de combattre, elle reçoit alors ce qui
lui est dû; mais les récompenses ou les châtiments qu'elle reçoit alors étant seule (c'est-à-dire dépouillé du corps), pour
tout ce qu'elle a fait ici-bas, ne
nous touchent point, nous qui
vivons; car, outre que nous ne
les connaissons pas, nous refusons souvent de les croire. »

Ce qu'il dit de Dieu n'est pas
moins admirable, et mérite
toute l'attention d'un enfant
vertueux. « Dieu a pour les
hommes une bonté de père, il

les aime avec tendresse, et ne
cesse jamais de leur faire du
bien ; la connaissance de Dieu
est, de tous les yeux de l'âme,
le plus net et le plus vif ; le plus
grand malheur de l'âme, c'est
d'être privée de cette connaissance ; c'est Dieu seul qui la
donne, et il ne faut jamais ces-
ser de la lui demander. Dieu ne
peut être représenté sous aucune forme humaine, et on ne
peut s'élever à lui que par la
pensée.

CICERON

Un des ancêtres de Cicéron avait au bout du nez une verrue semblable à un pois chiche, ce qui fit donner à la famille le surnom de *Cicéron*. Comme quelques personnes tournaient, pour cela, Ciceron en ridicule : « Je ferai en sorte, dit-il, que ce surnom efface l'éclat des plus beaux noms. » Dans le temps qu'il étudiait les sciences auxquelles on a coutume d'appliquer un enfant pour en former un homme, il se distingua tel-

lement par son esprit, que ses
camarades, en sortant de clas-
se, l'environnaient comme leur
roi, et le reconduisaient ainsi à
la maison paternelle. Bien plus,
les parents, surpris de la répu
tation de l'enfant, allaient souvent à l'école pour le voir. Il y
en eut néanmoins d'assez stu
pides pour faire des reproches
aux autres écoliers, de ce qu'ils
rendaient un tel honneur à leur
condisciple; mais, pénétrés de
plus en plus d'admiration pour
les progrès du petit Cicéron, ils
continuèrent à l'accompagner,
et semblaient lui annoncer

qu'il tiendrait un jour le scep-
tre de l'éloquence chez les Romains.

Il n'avait que douze ans lorsqu'il composa un traité de l'art
de parler, et c'est à ce premier
ouvrage que nous sommes re-
devable des trois livres ou dia-
logues de l'Orateur, qui ne sont
pas inférieurs à ses chefs-d'œu-
vre d'éloquence.

Dès sa jeunesse, qu'on pourrait comparer à la vieillesse
d'Hortensius, il déploya ses talents oratoires et sa fermeté
contre les partisans de Sylla. Il
poursuivit avec chaleur un cer-

tain Chrysogonus, affranchi de Sylla, qui, appuyé de l'autorité du dictateur, s'emparait des biens des citoyens. Craignant qu'il ne s'en vengeât, il se retira à Athènes, où il suivit avec ardeur les leçons du philosophe Authiocus; ensuite il se transporta à Rhodes, pour y étudier l'éloquence, et il eut pour maître Melon, le plus célèbre rhéteur de ce temps-là. On assure que cet habile précepteur, ayant entendu parler Cicéron, versa des larmes, parce qu'il prévoyait que les Romains, grâce aux talents de ce jeune homme, effaceraient les Grecs en génie et en éloquence.

De retour à Rome, il fut nommé questeur en Syrie, et il passa successivement dans les différentes magistratures, qui le mirent à même de rendre de plus grands services à sa patrie.

Les enfants doivent lire avec attention, et même profondément méditer les pensées de ce grand homme, s'ils veulent avancer dans la science et la vertu. « Peut-on regarder le ciel, dit-il, et contempler tout ce qui s'y passe, sans reconnai-

tre, avec toute l'évidence possible, qu'il est gouverné par une
suprême intelligence? Quicon-
que aurait quelque doute à cet
égard, je crois qu'il pourrait
aussi douter s'il y a un soleil.

« Quand on a dit à l'homme :
connais-toi, ce n'est pas seule-
ment pour rabaisser son orgueil,
c'est aussi pour lui faire sentir
ce qu'il vaut. Tout homme qui
rentrera en lui-même, y décou-
vrira des traces de la divinité,
et, se regardant comme un
temple où les dieux ont placé
son âme pour être leur image,
il ne se permettra que des sen-

timents et des actions qui ré-
pondent à la dignité de leur présence.

Soyez bien persuadé qu'il y
a dans le ciel, pour tous ceux
qui auront travaillé à la conser-
vation, à la défense et à l'a-
grandissement de la patrie, un
lieu marqué, où ils vivront
heureux à jamais.

MONTAIGNE

Celui qui vit appliqué n'est ni
chagrin, ni ambitieux, ni jaloux.
Ses dignités et ses richesses sont
dans son âme. Ce trésor s'ou-

vre, et leur éclat brille d'une beauté pure et sans tache. Il ne lutte pas avec la fortune qu'il ne connait qoint. Ses jours s'écouleraient tout entiers sans avoir accru ses possessions, qu'il n'en serait ni moins calme ni plus soucieux. Les décorations des grands sont à ses yeux un objet de respect, et le respect ne s'allie point à l'envie. L'homme occupé à l'étude est bon : il serait contre la nature qu'il fut méchant. L'appareil des richesses ne le séduit point; il ne voit dans l'opulence qu'un sujet de dissipation ; il emploie l'or, mais ne le possède pas. Revenant continuellement vers lui-même, il ne laisse pas le temps aux objets extérieurs de le lier. Les besoins naissent des rapports, et il en est très-peu pour celui qui s'occupe. Ce portrait, intéressant pour les enfants, est celui de Michel, retiré dans son château de Montaigne, où il composa ses *Essais*.

Né en 1538, il fut élevé avec un soin extrême par son père, qui lui apprit le latin, et le lui faisait parler dès l'enfance, comme on apprend le français aux autres enfants ; de sorte qu'il le parlait aisément à l'âge de six ans. Son père le faisait éveiller le matin au son des instruments de musique, ayant la persuasion que c'est gâter le jugement aux enfants, de l'éveiller en sursaut. On lui apprit aussi le grec, par forme de divertissement. Il fut envoyé, à six ans à Bordeaux, où il eut pour maître quatre savants du premier ordre. Il acheva sous eux son cours d'études à l'âge de treize ans; puis, ayant étudié en droit, il devint conseiller au parlement de Bordeaux, charge qu'il exerça pendant quelque temps, et qu'il quitta ensuite, n'ayant aucun goût pour cette profession. Il voyagea en France, en Lorraine et en Allemagne, et se retira ensuite dans son château de Montaigne.

C'est de là qu'est sorti ce livre qui lui a fait une si grande réputation. On doit distinguer en lui l'homme et l'écrivain. Montaigne était un parfait honnête homme, bon citoyen, bon mari, bon père, bon maître et bon ami ; il avait, en un mot, toutes les vertus civiles qui honorent l'humanité. Quant à façon de penser sur la religion, elle ne doit pas non plus être équivoque, puisqu'il mourut fort chétiennement, les mains jointes, tandis qu'il se faisait dire la messe dans son château.

Comme écrivain, Montaigne mérite ces éloges. Le style de ses écrits est naïf, vif, énergique, intéressant. Malgré son langage suranné, il attache, il se fait aimer par sa manière ingénue de raconter tout ce qui lui vient à l'esprit. Ses pensées sont nobles et frappantes, nous en rapporterons quelques-unes.

« Je veux mal à cette coutume d'interdire aux enfants l'appellation paternelle, et de leur en enjoindre une étrangère comme plus respectueuse ; comme si la nature n'avait pas assez bien pourvu à notre autorité. Nous appelons Dieu tout-puissant père, et dédaignons que nos enfants nous en appellent. J'ai reformé cette erreur dans ma famille.

» Nous devons la justice aux hommes, et la bénignité aux autres créatures qui peuvent y être sensibles.

» C'est le déjeuner d'un petit

ver, que le cœur et la vie d'un grand empereur. »

» Paris a mon cœur dès mon enfance. J'aime tendrement cette ville. et je ne suis Français que par cette grande cité, grande en peuple, mais surtout incomparable en variété de commodités : c'est la gloire de la France, et l'un des plus nobles ornement du monde. »

NEWTON.

Ce qui doit engager les enfants à s'appliquer de bonne heure à l'étude des science, c'est

que leur effet naturel est de
perfectionner l'homme, d'adou-
cir son caractère, et de le pla-
cer au-dessus des évènements
les plus fâcheux.

Newton, célèbre philosophe
mathématicien anglais, fut élevé dans la grande école de
Ghantgram. Il fit paraître un
goût extraordinaire pour l'étude dès sa plus tendre enfance.
Il entendit en très peu de temps
Euclide, Descartes et Kepler, et
fit des découvertes si promptes
en géométrie, qu'à l'âge de
vingt ans il avait déjà posé les
fondements des deux ouvrages

qui l'ont rendu si célèbre dans la suite, *les Principes de l'Optique* ; et il ne discontinua point pendant toute sa vie, de s'appliquer avec ardeur à la recherche de la nature, à la physique, à l'astronomie et aux mathématiques. L'étude lui avait donné une patience et une douceur admirable. On en trouve une preuve dans l'anecdote suivante.

Un jour, ce philosophe était près de sortir, il laissa, par mégarde, son chien dans son cabinet. A son retour, il trouva son cabinet en feu, et ses papie en cendre. *Diamant,* son chien, avait renversé sur le bureau une bougie que Newton avait laissée allumée par distraction. Un manuscrit très-considérable, et qui avait coûté plusieurs années de recherches, de soins et de travail fut entièrement consumé. Cette perte était irréparable, soit par l'âge avancé de l'auteur, soit par l'impossibilité de refaire un travail aussi long que pénible. Tout autre que Newton se serait livré au désespoir. Ce grand homme, sans s'émouvoir, se contenta de dire, en soupirant « Diamant, Diamant ! tu ne sais pas le tord cruel que tu viens de me faire ? » On ignore quel était le sujet de ce bel ouvrage, mais on sait qu'il remplit une partie des dernières années de ce sublime génie.

DESCARTES.

L'enfance d'un grand homme intéresse plus que tous les autres âges de sa vie, celui qui veut apprendre à le conaître. On a du plaisir à en entendre conter les moindres circonstances.

Descartes naquit avec une constitution très-faible ; il perdit même sa mère, étant encore au berceau ; mais une nourrice suppléa à la nature par tous les soins de la tendresse. Descartes en fut très-reconnaissant. Il lui fit une pension viagère qui lui fut payée exactement jusqu'à sa mort ; et il ajoutait à ses bienfaits les devoirs et l'attachement d'un fils.

Son père crut devoir ne pas fatiguer ses organes, encore faibles, par une étude prématurée ; mais l'esprit de Descartes allait au devant des instruc-

tions. Il n'avait pas encore huit
ans, et déjà on l'appelait le philosophe. Il demandait les causes et les effets de tout. A neuf
ans, il fut mis au collége de La
Flèche. Son imagination vive
et ardente fut la première fa-
culté de son âme qui se déploya.
Il cultiva la poésie avec passion
et, en cela, il ressembla à Pla-
ton. Il s'appliqua aussi à l'étude
de l'histoire, par le désir de
connaitre tous les faits et toutes les opinions. Il était encore
à la Flèche en 1610, lorsqu'on
y porta le cœur de Henri IV,
assassiné dans Paris. Il fut

témoin de cette pompe cruelle, et nommé parmi les vingt-quatre gentilshommes qui allèrent au-devant de ce triste dépôt. Il étudiait alors en philosophie; il fit des progrès qui annoncèrent son génie.

Il avait un si grand amour pour les mathématiques, qu'il s'enferma, pour les étudier, avec deux domestiques, pendant deux ans, dans une petite maison écartée de Paris; et il n'en sortit que parce qu'il fut rencontré par hasard par un ami, qui s'obstina à le poursuivre jusque chez lui, et le ren-

traîna dans le monde. Il est rare
que ceux qui ne sont pas capa-
bles de choses extrèmes pour
contenter leur passion pour
l'étude, fassent jamais rien de
grand.

Descartes, non content d'a-
voir cherché retraite comme
un moyen de s'instruire sans
distraction fit encore un grand
nombre de voyages, où l'on
admira l'étendue de ses con-
naissances et de ses recherches.
Il publia des ouvrages sur les
mathématiques, la physique, la
géométrie et l'anatomie, qui lui
méritèrent le surnom de res-

taurateur de la philosophie.
On a prétendu qu'il fut appelé
en France par les ordres du
roi, et que l'intention de la
cour était de lui faire un éta-
blissement honorable : c'était
dans le temps de la fronde.
Ceux qui l'avaient appelé furent
curieux de le voir, non pour
l'entendre et profiter de ses lumières, mais pour connaître sa
figure.

« Je m'aperçus, dit-il dans
une de ses lettres, qu'on voulait
m'avoir en France, à peu près
comme les grands seigneurs
veulent avoir un éléphant, ou

un lion, ou quelques autres
animaux rares. Ce que je pus
penser de mieux sur leur compte, ce fut de les regarder comme des gens qui auraient été
bien aises de m'avoir à dîner
chez eux ; mais, en arrivant, je
trouvai leur cuisine en désordre
et leur marmite renversée. »

Il faut cependant dire, à la
louange du chancelier Seguier,
qu'il distingua Descartes comme
il le devait, et il le traita avec le
respect dû à un homme qui ho-
norait son siècle et sa nation.

Ce philosophe, dont l'âme
était forte et profonde, avait

une extrême sensibilité. Nous avons déjà vu son tendre attachement pour sa nourrice. Il traitait ses domestiques comme des amis malheureux qu'il était chargé de consoler ; sa maison était pour eux une école de mœurs, et devint pour plusieurs une école de mathématiques et de sciences : il les instruisait avec la bonté d'un père ; et quand ils n'avait plus besoin de son secours, il les rendait à la société, où ils allaient jouir du rang qu'ils s'étaient fait par leur mérite. Un jour, un d'eux voulait le remercier : « Que faites-vous, lui dit-il ? vous êtes mon égal, et j'acquitte une dette. »

La reine de Suède le fit venir auprès d'elle pour prendre ses leçons ; mais il fut victime de sa complaisance pour cette princesse. La rigueur du froid et le changement qu'il fit à son régime, pour se trouver tous les jours au palais à cinq heures du matin, lui causèrent une maladie dont il mourut.

Nous avons déjà dit qu'il fallait repousser les bruits injurieux à la mémoire d'un grand homme ; faisons donc connaître

la vérité par rapport à Descartes. Cet homme fut accusé d'a-
théisme ; mais il épuisa son gé-
nié à trouver de nouvelles preu-
ves de l'existence de Dieu, et à
les présenter dans toute leur
force. Dans tous ses ouvrages,
il parle toujours avec le plus
grand respect de la religion.
Dans tous les pays qu'il habita,
il remplit toujours les devoirs
de catholique. Dans son voyage
d'Italie, pour s'acquitter d'un
vœu, il fit un pèlerinage à Notre
Dame-de-Lorette. Dans son sé-
jour en Suède, il ne manqua
jamais une fois aux exercices

sacrés qni se faisaient dans la chapelle de l'ambassadeur ; et, dans sa dernière ma'adie, il se confessa et communia de la main d'un religieux, en présence de l'ambassadeur et de toute sa famille. Enfin, cent ans après sa mort, on lui a fait un service solennel dans l'église de Sainte-Geneviève, où ses cendres furent rapportées de Stockolm. Son mausolée a été transporté de cette église au muséum des monuments d'Egypte.

RACINE.

Ce poète célèbre fit paraître, dès son enfance, un génie et des talents extraordinaires pour les belles-lettres. Elevé à Port-Royal, sous les yeux des savants les plus distingués, il montra un goût particulier pour l'étude des anciens auteurs grecs. Il s'enfonçait souvent seul dans les bois, où il passait des journées entières avec Homère, Sophocle et Euripide, dont la langue lui était devenue aussi familière que la sienne propre.

Il n'avait que vingt-un ans, lorsqu'il donna au théâtre sa *Thébaïde*. Quoique cette pièce ne fût pas comparable aux belles pièces de Corneille, qui seul alors méritait, par ses tragédies, l'estime et l'admiration du public, elle fit néanmoins regarder Racine comme un jeune homme plein de mérite et d'audace, qui osait entrer dans la même carrière que ce grand poète, et aspirer aux mêmes applaudissements. Le public ne se trompa point. Racine donna successivement neuf autres tragédies qui ne furent pas moins

applaudies que celles de Corneille, et qui firent remarquer
dans l'auteur le génie, l'expression, et les autres qualités qui
caractérisent les plus grands
poètes. Louis XIV s'amusait
beaucoup de sa comédie des
Plaideurs.

Tous ces ouvrages en prose
sont écrits avec esprit, élégance et pureté.

Les honneurs de la cour, les
bienfaits de madame de Maintenon, et les faveurs des princes ne pouvaient lui faire oublier sa famille. Il était plein de
tendresse pour sa femme et ses

enfants ; il s'en occupait continuellement. Un jour, revenant
de Versailles, il acheta une belle
carpe à Sèvres pour la manger
avec eux. Il rencontra un écuyer
qui venait au-devant de lui pour
l'inviter à dîner de la part du
prince du Condé :

« Non, non, répondit il ; il y
a longtemps que je n'ai vu ma
femme et mes enfants ; il est
juste qu'en arrivant j'aille dîner
avec eux. »

L'écuyer insista de nouveau,
et lui représenta que le prince
pourrait se fâcher.

« Que Monseigneur se fâche

s'il veut, reprit-il, mais voyez cette belle carpe ; serait-il possible que je n'eusse point le plaisir de la manger avec ma femme et mes enfants? Allez, dites à Monseigneur que je profiterai de l'honneur qu'il me fait un autre jour. »

BOSSUET.

Jamais enfant n'annonça, d'une manière plus frappante, ce qu'il serait un jour, que Bossuet. Dès l'âge de sept à huit ans, il apprenait des sermons qu'il prêchait avec grâce à l'hôtel de Rambouillet. Un grand nombre de personnes de qualité s'y rendaient pour l'entendre. Voiture, qui, dans ses conversations comme dans ses lettres, courait toujours après l'esprit, disait, en parlant de l'âge du prédicateur et de l'heure de la prédication : « En vérité, je n'ai jamais entendu prêcher si tôt ni si tard. »

Ses talents distingués le firent parvenir aux premières dignités de l'Eglise ; mais le goût de l'étude ne le quitta jamais. Etant évêque de Meaux, un paysan se présenta à son palais pour lui communiquer quelque affaire. On lui dit qu'il ne pouvait parler à Monseigneur, parce que Sa Grandeur était à étudier. Il se présenta une seconde et une troisième fois, toujours même réponse; enfin, lassé de revenir si souvent sans pouvoir obtenir audience, il s'en retourna, en s'écriant: « Eh ! pourquoi ne nous donne-t-on pas un évêque qui ait fait ses études? »

Louis XIV, l'apercevant se promener dans le parc de Versailles avec le dauphin, dont il était le précepteur, ne put s'empêcher de dire : « En voyant cette grande calotte, je suis pénétré de respect. »

Ayant été nommé premier aumônier de la duchesse de Bourgogne, il se présenta pour prêter serment. Lorsque la princesse le vit à genoux devant elle elle s'écria : Oh ! la bonne tête que j'ai à mes pieds ! »

Un jour il faisait à son jardinier quelques observations qui n'étaient point convenables :

« Monseigneur, lui répondit celui-ci, s'il poussait dans vos jardins des saints Augustin et des saints Chrysostôme, vous vous y connaîtriez mieux. »

Tous les ouvrages de cet illustre prélat sont marqués au coin du génie. L'idée de rapporter à Dieu tous les événement politiques, dans son discours sur l'Histoire universelle, est sublime. Voici comment il s'explique :

« Dieu tient du plus haut des cieux les rênes de tous les royaumes. Veut-il faire des conquérants, il fait marcher l'épouvante devant eux, et il leur inspire une hardiesse invincible. Veut-il faire des législateurs, il leur communique son esprit de sagesse et de prévoyance ; il connaît la prudence humaine, toujours bornée par quelque endroit ; il l'éclaire, il l'aveugle, il la précipite, il la confond ; elle s'embarrasse dans ses propres subtilités, et ses précautions lui sont un piége.

» Dieu exerce ses jugements selon les règles de sa justice, toujours infaillible. Il prépare les effets dans les causes qui paraissent les plus éloignées ; il frappe ces grands coups dont le contre-coup va porter si loin, il donne et ôte la puissance à son gré ; il la transporte d'une maison à une autre, d'un homme à un autre : pour nous montrer qu'il ne l'ont tous que par emprunt, et qu'il est le seul en qui elle réside naturellement. »

FÉNELON.

Fénelon montra dans son enfance une douceur de caractère qui charmait tous ceux qui le voyaient. Après avoir été élevé dans la maison paternelle jusqu'à l'âge de douze ans, il fut envoyé à l'université de Cahors, où il ne tarda pas à se faire admirer par la beauté de son génie naissant, par sa tendre piété, par la droiture de son cœur, et par ses talents précoces pour les belles-lettres et les sciences. Enfin il vint à Paris, où il brilla, à l'âge de dix neuf ans, dans l'éloquence de la chaire. Son mérite fixa sur lui les yeux de Louis XIV, qui l'envoya en mission sur les côtes de Saintonge et dans le pays d'Aunis, et peu de temps après, le nomma précepteur des ducs de Bourgogne, d'Anjou et de Berry, et archevêque de Cambrai. C'est pour l'éducation de ces jeunes princes qu'il composa le *Télémaque*, ouvrage immortel, dans lequel il déploie toutes les richesses de la langue française.

La fermeté de Fénelon envers le duc de Bourgogne mérite d'être citée. Elle apprend aux enfants, par l'exemple d'un jeune prince, combien on doit prendre garde d'offenser ses maîtres, et combien on doit témoigner de repentir quand on a eu ce malheur.

Dans une circonstance où Fénelon parlait au duc de Bourgogne : « Non, non, monsieur, lui répondit le jeune prince, je ne me laisse pas commander ;

je sais ce que je suis et ce que
vous êtes. » Le sage Mentor
n'insista pas davantage, et prit
un air de tristesse pour préparer l'effet de la leçon qu'il
voulait faire à son élève. « Je
ne sais, monsieur, lui dit-il le
lendemain, si vous vous rap-
pelez ce que vous avez dit hier,
que vous savez ce que vousêtes
et ce que je suis ? Il est de mon
devoir de vous apprendre que
vous ignorez l'un et l'autre.
Vous vous imaginez donc, monsieur, être plus que moi ; quelques valets, sans doute, vous
l'auront dit ; et moi je ne crains

pas de vous dire, puisque vous
m'y forcez, que je suis plus que
vous; vous comprenez assez
qu'il n'est pas question ici de la
naissance; vous regarderiez
comme un insensé celui qui
prétendrait se faire un mérite
de ce que la pluie du ciel a fer-
tilisé sa moisson sans arroser
celle de son voisin; vous ne
seriez pas plus sage, si vous ti-
riez vanité de votre naissance,
qui n'ajoute rien à votre mérite
personnel. Vous ne sauriez douter que je sois au-dessus de
vous pour les lumières et les con-
naissances; vous ne savez que

ce que je vous ai appris ; et ce
que je vous ai appris n'est rien
comparé à ce qui me reste à
vous apprendre. Quant à l'autorité, vous n'en avez aucune
sur moi; et je l'ai moi-même,
au contraire, pleine et entière
sur vous. Le roi et monseigneur
vous l'ont dit assez souvent.
Vous croyez peut-être que je
m'estime fort heureux d'être
pourvu de l'emploi que j'exerce
auprès de vous ; désabusez-vous
encore, monsieur ; je ne m'en
suis chargé que pour obéir au
roi et faire plaisir à monseigneur, et nullement pour le

pénible avantage d'être votre précepteur ; et afin que vous n'en doutiez pas, je vais vous conduire chez Sa Majesté, pour la supplier de vous en nommer un autre, dont je souhaite que les soins soient plus heureux que les miens. »

« Ah ! monsieur, reprit le jeune prince, vous pourriez me rappeler bien d'autres torts que j'ai eus à votre égard : il est vrai que ce qui s'est passé hier y a mis le comble ; mais j'en suis désespéré. Si vous parlez au roi, vous me ferez perdre son amitié, et si vous abandonnez mon éducation, qu'est-ce que pensera de moi le public. Au nom de Dieu, ayez pitié de moi ; je vous promets de vous satisfaire à l'avenir. »

C'était là où le prélat attendait son élève ; mais, pour le laisser s'affermir encore plus dans la résolution de mieux faire, il ne lui parla point le reste de la journée ; il ne parut céder qu'aux prières de madame de Maintenon et aux larmes du jeune prince.

RAPHAEL.

Les arts nous offrent aussi des enfants qui se sont livrés à l'étude avec la plus grande activité. Raphaël était déjà célèbre à douze ans. Les personnages les plus distingués de l'Italie, les papes, les cardinaux, le regardèrent comme un prodige. Son premier ouvrage à Rome fut l'école d'Athènes, il représente les plus grands hommes qui disputent sur toutes les sciences humaines.

Jaloux de sa gloire, cet habile

peintre n'épargnait rien pour acquérir à ses ouvrages l'immortalité.

Avec un esprit excellent, Raphaël étudiait sans cesse, et travaillait à se perfectionner.

Un génie aussi élevé ne s'était point borné à la peinture : il modela plusieurs figures et des bas-reliefs qui furent exécutés en marbre dans les églises de Rome. Une étude particulière de l'anatomie, jusqu'à dessiner des figures écorchées, donna à Raphaël cette correction qui se fait tant admirer.

Pour peu qu'on veuille réfléchir sur ce grand homme, on verra qu'il pensait noblement, et qu'il avait beaucoup de génie et de fécondité. Ses contours sont coulants, et ses ordonnances magnifiques. Il traitait également l'histoire sainte et profane, l'allégorie et la fable. Son grand style se prêtait à ces différentes manières. Un dessin très-correct, un choix parfait, de l'élégance dans ses figures, une naïveté d'expression, un naturel dans les attitudes, une grande manière sans être affectée, des grâces dans ses airs de têtes, une sagesse à bien saisir les beautés de la nature, et la simplicité avec laquelle il s'est élevé au sublime, tout cela joint ensemble le rend, sans contredit, le plus grand peintre que nous ayons eu.

Annibal Carrache, en revenant à Rome, dit à ses disciples:

« Après avoir examiné tous les maîtres d'Italie, Raphaël m'a paru celui qui a le moins manqué dans ses ouvrages et qui a les plus petits défauts. »

Ses talents étaient relevés par sa beauté et par son caractère doux, poli et modeste. Il aimait à donner des avis aux peintres et à les aider de ses dessins. Sa conversation aimable et ingénieuse le faisait chérir et respecter de tous ceux qui le connaissaient. Il mourut à l'âge de trente sept ans, et fut généralement regretté. Une plus longue carrière était due à de si grands talents. Son tombeau se voit à Rome, dans l'église de la Rotonde, à côté de celui des Carrache. Son épitaphe a été faite par le cardinal Bembo. Son corps fut exposé dans la même salle où il peignait la Transfiguration.

DU GUESCLIN.

Bertrand Du Guesclin, dès sa plus tendre enfance, ne respirait que les combats.

« Il n'y a point de plus mauvais garçon au monde, disait sa mère ; il est toujours blessé, le visage rompu, battant ou battu ; son père et moi nous le voudrions voir sous terre. »

On n'avait pu venir à bout de lui apprendre à lire ; son premier soin était de chercher le moyen de battre tous les maîtres qu'on lui donnait.

« Je suis fort laid, disait-il. jamais je ne serai bien venu des dames ; mais, puisque je suis laid et mal fait, je veux être bien hardi. »

Cependant, à force de veiller sur lui-même, il vint à bout de se faire aimer, estimer, et il mérita l'honneur, autant par ses vertus que par sa bravoure d'être fait connétable de France. Lorsque le roi lui présenta l'épée, ce modeste chevalier se défendit de la recevoir :

« Noble roi, cher sire, je vous prie de ne me point charger de cet office, et de le donner à un autre, qui plus volontiers le prendra, et qui mieux le saura faire. »

— Messire Bertrand, lui dit le roi, ne vous excusez point ; je n'ai frère, cousin, neveu, comte, baron en mon royaume qui ne vous obéisse ; si quelqu'un le refusait il me courroucerait tellement, qu'il s'en apercevrait : prenez donc l'office joyeusement, je vous en prie.

Du Guesclin obéit ; mais après avoir obtenu du monarque la grâce de ne jamais ajouter foi aux rapports que l'on pourrait faire contre lui, sans l'avoir entendu. Il paraît, ajoute un historien, que ce grand homme redoutait plus les courtisans que les ennemis de l'état.

Cet illustre connétable, que l'on appelait communément le bon connétable, mourut devant Chateau-Neuf-de-Randon, qu'il assiégeait, et dont le commandant lui apporta les clefs quelques moments avant qu'il expirât.

Les derniers moments de ce grand homme sont dignes d'être remarqués. Après avoir fait son testament, il demanda l'épée de connétable, la baisa par respect,

la remit au maréchal de San-
cerre pour la rendre au roi ; et
s'adressant aux vieux militaires
avec lesquels il combattait de
puis quarante ans :

« Souvenez-vous, leur dit-il,
braves compagnons, de ce que
je vous ai répété si souvent :
qu'en quelque pays que nous
fissions la guerre, les gens d'é-
glise, les femmes, les enfants
et le pauvre peuple n'étaient
point nos ennemis.

Charles V pleura avec toute
la France la mort du bon connétable ; et pour honorer la
mémoire d'un héros qui avait

si bien mérité son estime et son affection, il le fit enterrer à Saint-Denis, auprès du tombeau qu'il s'était fait préparer, et dans lequel la reine Jeanne de Bourbon était déjà inhumée.

LIMOGES. — IMPRIMERIE DE CHARLES BARBOU.